En terminant cet écrit, il m'est impossible
de passer sous silence deux anecdotes dont
j'ai eu connoissance d'une manière certaine
et dans l'[illegible] où elles ont eu
lieu.

En 1792, les hostilités étant à peine
commencées, le Maréchal de Rochambault
représenta au Roi, la Reine étant présente
la nécessité de travailler à la paix.

La Reine lui répondit : Vous n'y pensez p[as]
Vous voyez que les armées opposées à celles de
l'Empereur, ne peuvent pas en soutenir la
présence, et jettent leurs armes qui les gênent
dans leur fuite.

Le Maréchal lui observa que c'étoit le
sort des nouvelles levées au premier feu; qu'[ils]
les jetteroient plus tard au second, plus tard
encore au troisième et qu'ensuite rien
ne les arrêteroit. L'événement a prouvé
de quel côté étoit la vérité, dans la division
des opinions pour la paix ou pour la guerre.

---

Dans cette même année, et depuis longtemps
les hommes réputés le mieux servir la famille
Royale, étoient ceux qui avoient des vues

désorganisatrices, parce que disoient-ils : l'ordre ne peut plus renaître que de l'excès du désordre, lorsqu'il est arrivé au point de ne pouvoir plus être supporté, la proposition est vraie ; mais il y auroit eu à examiner, si leur système qu'ils appeloient l'ordre après le désordre, étoit bien l'ordre, et non une suite d'désordre

A ce sujet un de mes amis, alors ministre, se disposant à donner sa démission, me disoit, et c'est dans l'hiver de 1792 : "Je ne sors pas du
" Conseil, sans me sentir le plus fier Républicain,
" et je ne sors pas des comités de l'Assemblée
" nationale, sans me sentir disposé à me faire
" l'esclave du Grand Seigneur ; c'est de part et
" d'autre, à qui aura plustôt détruit tous les
" liens sociaux qui constituent un Gouvernement."

Il donna sa démission, vers les fêtes de la Pentecôte, en disant au Roi et à la Reine réunis : Il s'en faut de beaucoup que Vos Majestés soient les auteurs des troubles qui agitent la France ; mais elles les croyent un moyen d'y ramener l'ancien régime ; leur attente sera trompée, elles y périront, et avec elles tout ce que la France a de plus pur."

Dix-huit, Deux ans après, il y a péri lui même, non sous la guillotine, mais dans les prisons.

La France est tombée de pourriture, tous les autres gouvernements étant déja plus ou moins pourris. La france étoit au dernier dégré de la maladie, c'est alors que sa malignité est le plus contagieuse ; et non qu'elle soit aujourd'hui sans remèdes, je l'estime incu=
=rable...

# DANGERS

QUI MENACENT

# L'EUROPE

PRINCIPALES CAUSES DU PEU DE SUCCÈS

DE LA COALITION

PAR J. MALLET DU PAN.

# DANGERS

QUI MENACENT

# L'EUROPE.

PRINCIPALES CAUSES DU PEU DE SUCCÈS DE LA DERNIERE CAMPAGNE*; FAUTES A ÉVITER ET MOYENS A PRENDRE POUR RENDRE CELLE-CI DÉCISIVE EN FAVEUR DES VÉRITABLES AMIS DE L'ORDRE ET DE LA PAIX.

* en 1793.

Par M. MALLET DU PAN.

---

*J'appelle un chat un chat, & Rolet un fripon.*

BOILEAU.

---

Quels sont-ils, les véritables amis de l'ordre et de la paix, chacun voulant à soi seul ce qui feroit le bonheur de tous? nous voulons pour nous les gras troupeaux, et laisser les cornes à ceux qui les soignent.

*Se trouve à* LEIDE,

Chez J. VAN THOIR,

*Mai*, 1794.

floréal an 2.

-rable. Quand les médecins ont eux-mêmes la peste, ... de la guérir, ils la répandent. Qui eût tracé ... à taxer, auroit été lapidé par tous les partis.

# DANGERS

## QUI MENACENT

# L'EUROPE.

## PRINCIPALES CAUSES DU PEU DE SUCCÈS DE LA DERNIERE CAMPAGNE ; FAUTES A EVITER ET MOYENS A PRENDRE POUR RENDRE CELLE-CI DÉCISIVE EN FAVEUR DES VÉRITABLES AMIS DE L'ORDRE ET DE LA PAIX.

---

*J'appelle un chat un chat, & Rolet un fripon.*

BOILEAU.

---

L'Europe entiere ſe trouve dans des circonſtances inouïes ; elle a à combattre des ennemis vraiment formidables par leur nombre, leur courage & leurs reſſources de tous les genres, mais bien plus dangereux encore par les complots odieux qu'ils trament dans l'ombre, par leur criminelle indifférence ſur tous les

 mo-

moyens de ſuccès, par leurs principes anarchiſtes & déſorganiſateurs ſi bien faits pour égarer la multitude, par les intelligences nombreuſes qu'ils ont ſçu ſe ménager dans tous les païs, dans toutes les claſſes, juſques dans la perſonne de quelques miniſtres..... le reſpect arrête ma plume & m'empêche de déſigner à l'étonnement des races futures, des têtes plus illuſtres encore.

C'eſt *une guerre à mort*, comme les régicides eux-mêmes ont eu ſi fort raiſon de la nommer; il faut que le monſtre de l'anarchie périſſe, ou que l'Europe s'attende à voir prochainement la chute de tous les trônes, la diſſolution de tous les liens de la ſubordination & de la ſociété, l'anéantiſſement & le mépris de toute Religion, la ſubverſion de tous les principes, le déplacement violent de toutes les propriétés, & le maſſacre de la moitié de ſa population; telle eſt la ſeule régeneration qu'on doive & qu'on puiſſe raiſonnablement attendre de la part de ceux qui ont trem-

trempé leurs mains parricides dans le ſang du plus juſte des rois, & de la réunion de tout ce que le monde contient de plus profondément dépravé; car, dès que le crime a prévalu en France, dès que la grande machine ébranlée dans ſes fondemens a menacé d'une ruine prochaine, on a vu de toutes parts le rebut & la honte de l'humanité accourir vers le foyer de la corruption, comme on voit ces Hyenes faméliques, attirées par les exhalaiſons des cadavres, ſe réunir pour en partager les débris.

Cette guerre ne reſſemble plus aux guerres ordinaires déja ſi odieuſes, mais du moins toujours ſoumiſes à quelques loix qui en diminuent l'horreur, interrompues par quelques ſuſpenſions d'armes qui laiſſent reſpirer l'humanité, & ſuivies d'une paix qui lui permet l'eſpoir de réparer ſes pertes. Ici point de quartier, point de relache; c'eſt un animal dévaſtateur qui a déja déſolé la contrée qui le vit naître & contre lequel les contrées voiſines ont été forcées de

pren-

prendre les armes, sous peine d'éprouver le même sort ; c'est l'ordre social luttant contre la barbarie, c'est en quelque sorte la nature réunissant ses efforts pour ne pas retomber dans l'anéantissement & le cahos. Qui le croiroit que l'Europe l'a vu se former & se grossir sans effroi, ce torrent dont l'origine & les progrès annonçoient si bien les ravages, sans prévoir qu'il menaçoit essentiellement sa sureté ou du moins sans chercher à lui opposer aucune digue ? Si ceux qui en dirigoient le cours n'avoient été retenus dans le principe, par des craintes & des considérations timides qu'ils ont si bien surmonté depuis ; s'ils avoient déployé à l'époque des premières attaques de *Mons* & de *Tournay*, cet ensemble dans les mesures & cette audace dans l'exécution qui fait maintenant un problême du salut des peuples, les maux que je n'annonce aujourd'hui que pour qu'on s'occupe efficacement de les éviter, inonderoient déja la surface de l'Europe, l'Univers en-

entier ſeroit un vaſte champ de ſang & de carnage ; & ceci n'eſt point une ſpéculation oiſeuſe, une crainte chimérique. *Leurs forces étoient là*, & avant qu'on eût pu en réunir de capables de les arrêter, la moitié de l'Allemagne & la Hollande entiere euſſent été ſoumiſes ; ils en auroient accumulé les immenſes tréſors ; par tout ils auroient immolé les ſujets fidèles ; armé leurs miliers de partiſans & cette foule de gens foibles que la circonſtance ſeule détermine ; les uns & les autres, après s'être rendus ſi coupables contre l'autorité légitime, auroient bientôt déployé la même énergie pour en anéantir juſqu'aux dernières traces ; la trainée de matières combuſtibles s'étendoit par tout, & dans ce premier moment d'irréſolution, d'effroi, de dénuement & de ſtupeur, l'embraſement eût été général.

La divine Providence en a autrement ordonné, car en vain chercheroit - on ailleurs des cauſes à des événements qui ont ſi étrangement confondu tous les calculs de la prudence humaine. Que ces gens qu'aucune expérience ne forme & à qui l'école de l'adversité n'a rien appris, ne viennent plus opposer ces grands mots vuides de sens de *fidelité incorruptible des troupes*; de *bonté naturelle des peuples*; *d'attachement aux Souverains*, &c ..... Le crime heureux trouva toujours des Sectateurs & des Prosélytes. Avant cette époque fatale, exista-t-il des troupes plus fidèles, & chez qui l'honneur fut un mobile plus puissant? eh bien, elles se sont rangées presque sans effort sous les étendards de la révolte. Connut-on un peuple plus doux, plus sensible, plus hospitalier, qui possédât à un degré plus éminent toutes les vertus sociales? eh bien, aujourd'hui c'est un peuple de cannibales, d'antropophages avides de sang, & les flots qu'ils en répandent sans cesse semblent ne faire qu'irriter leur soif dévorante. Enfin, les annales de l'histoire ont-elles conservé le souvenir d'une nation plus distinguée par une espace d'idolatrie

latrie pour ses Rois, qui en ait donné des preuves plus touchantes & plus multipliées ? & le plus juste de tous les Souverains, le meilleur & le plus loyal des hommes, celui qui réunissoit la piété de *Saint Louis* à la tendresse paternelle *d'Henri Quatre*, le bon *Louis Seize* enfin a péri sur un échafaut ; ses dernières paroles à son peuple étoient des paroles de bénédictions & d'amour, & à l'instant où la hâche fatale termine le cours d'une si belle vie, l'air retentit de cris bruiants d'allégresse ; la France entière est armée pour soutenir ses bourreaux ; ils viennent au bout d'un an sur le lieu du supplice insulter à la mémoire de leur auguste victime, & l'anniversaire de cet exécrable assassinat a été célébré dans toute l'étendue du royaume par des réjouissances & des hymnes patriotiques.

Tant & de si terribles exemples n'ont cependant produit que des impressions passagères, même sur les trônes. On diroit que l'esprit d'aveuglement est venu raſſurer les victimes en même temps que l'eſprit de vertige excite les bourreaux ; au même inſtant, une force ſurnaturel & irréſiſtible ſemble avoir armé les uns du glaive & entraîner les autres à grands pas vers leur perte inévitable. On compte ſur des traités, ſur une neutralité parfaite . . . comme s'il pouvoit exiſter des traités ſolides avec le Tigre, comme s'il ſuffiſoit de ne pas le provoquer pour n'avoir rien à redouter des effets de la fureur ; on ſe raſſure ſur l'éloignement . . . comme s'il falloit beaucoup de temps à la foudre pour étendre au loin ſes ravages, comme ſi tous ceux qui forment une même chaine électrique n'éprouvoient pas en quelque ſorte au même inſtant, la même commotion. On a l'air de jouer avec une révolution qui menace de tout renverſer, de tout envahir, qui n'en cache pas le projet, & qui acquiert tous les jours de nouveaux moyens de le réaliſer. On n'a que des vues meſquines, on ne fait que les calculs rétrécis

&

& isolés de l'égoïsme lorsque les flammes dévorantes s'élèvent de toutes les parties du grand édifice social, & que ce n'est pas trop du concours de toutes les volontés pour parvenir à s'opposer à leurs progrès ménaçants ; lorsqu'il seroit d'un si grand intérêt d'être juste au dedans & terrible au dehors, on n'employe que des demi-moyens contre l'ennemi commun, & l'on se sert du reste de sa puissance pour s'en créer de nouveaux.

Dans un état de choses si étrange, il est permis, il est ordonné à tout ami de l'ordre de faire entendre sa voix ; lorsqu'un violent incendie se déclare, tout le monde a mission pour en arrêter les ravages ; profitons du moment où il en est temps encore. Qu'on ne se dissimule donc plus les forces des régicides ; une grande partie de nos malheurs vient de les avoir trop méconnues ou trop méprisées : réservons tous nos mépris pour leurs principes. Je vais partir des bases les plus simples & les plus incontestables ;

bles : un vaſte royaume que la nature ſemble avoir comblé de toutes ſes faveurs, hériſſé de places fortes où l'art épuiſa ſes reſſources ; un peuple immenſe & naturellement belliqueux dont l'activité dévorante balancera toujours la plupart des avantages de ſes ennemis, diſtingué des autres peuples par une fougue impétueuſe à laquelle on réſiſta rarement ; des arſenaux nombreux & bien fournis ; des moyens d'induſtrie & de proſpérité incalculables, & qui le mettent toujours à même de réparer rapidement la plupart de ſes pertes ; un corps d'ingénieurs très inſtruit, l'artillerie la plus conſidérable & ſans contredit la meilleure de l'Europe ...... tel eſt le tableau fidèle des forces & des reſſources de la France dans les circonſtances ordinaires.

Ajoutons maintenant à tant d'avantages réunis ceux qui lui procure évidemment ſon état de criſe actuel : l'anéantiſſement du commerce & de la navigation, de tous les arts de luxe, d'une ſoule de profeſſions & de métiers, a d'abord aigri ceux qui y trouvoient des moyens de ſubſiſtance; dans ces premiers momens de déſorganiſation & de tyrannie, les puiſſances étrangères auroient pu compter ſur le très grand nombre de cette foule de mécontents; mais depuis, effrayés par des exemples de rigueur, convaincus du danger & de l'inutilité de leurs efforts, égarés par toutes ſortes d'illuſions & preſſés de la néceſſité de vivre, ils ſe ſont mis à la ſolde de leurs bourreaux; ils ſe ſont rendus les inſtruments de leurs vengeances; preſque tous ont pris parti ou dans ces légions de gens ſtipendiés à *Paris* & dans les Provinces pour reproduire la terreur & les violences ſous toutes les formes, ou dans ces hordes des frontières, ſemblables à celle des anciens *Normands* qui alloient porter la déſolation & chercher la mort au loin, parce que leur propre païs ne pouvoit fournir à leur ſubſiſtance. Ils n'avoient d'abord ſuivi que la voix impérieuſe de la faim; mais bien-

bientôt, réunis à tout ce qu'il y a de plus dépravé, ils sont eux-mêmes devenus des modèles de corruption, & désormais tout retour vers une vie paisible & laborieuse ne leur est plus possible; car il est à remarquer que la vie des camps & des armées, quelque pénible qu'elle puisse être, quelque activité qu'elle exige, ne forme que des hommes inutiles ou dangereux ensuite pour la société. C'est ainsi que peu à peu l'oisiveté & la faim ont couvert la France de scélérats, que ce vaste royaume s'est transformé en un camp hérissé de bayonnettes, que les fonderies & fabriques d'armes ont acquis une activité extraordinaire, que des armées innombrables ont bordé les frontières, & qu'il s'en est formé de nouvelles, comme par enchantement, partout où un événement imprévu est venu tout à coup exiger leur présence; nous n'avons eu que trop d'occasions de nous en convaincre dans les différentes époques de la guerre de la *Vendée*, à *Lyon*, *Marseille*, *Bourdeaux*, *Toulon*, &c.

Cette

Cette pépinière d'hommes dont une génération nouvelle, élevée au milieu des alarmes, vient tous les jours réparer les pertes, n'a plus d'autre existence que la guerre. Instruits même par leurs revers, toujours expliqués par la trahison & payés de la tête des généraux; encouragé par des succès plus ou moins brillants contre tous leurs ennemis; excités par l'ardeur du pillage & les suggestions les plus insidieusement atroces; enivrés par un fanatisme qui inspira toutes ses fureurs aux nations les plus calmes, qui produisit des traits multipliés d'heroïsme chez les peuples les moins belliqueux; dirigés par des chefs qui n'ont que l'alternative de l'échafaut ou du succès, & qui ne peuvent l'obtenir ce succès effroyable que par le bouleversement total des empires; trop profondément coupables, trop entièrement abandonnés à la licence & à la débauche pour ne pas prévoir avec horreur le retour de l'ordre; toujours bercés de l'espoir séducteur de toucher au moment de commencer une nouvelle carrière au sein de l'opulence & de la paix, enrichis des dépouilles de leurs victimes.... tout concourt à annoncer que les révoltés de la France ne cesseront de réunir à la valeur ardente des anciens François, une férocité jusqu'alors inconnue, & cette redoutable constance qui paroissoit ne pas pouvoir se concilier avec la fougue & la légèreté de leur caractère.

Chercheroit-on encore à se rassurer, en 1794, avec cette foule de raisonneurs désœuvrés & de politiques ignorants qui ne cessent de rabacher, comme dans les six premiers mois de la révolution, que rien de violent ne sauroit être durable, & qu'ainsi les efforts extraordinaires de la France en présagent évidemment le terme prochain? mais il est trop clair que cette maxime générale ne peut avoir aucune application dans les circonstances actuelles. Pourquoi se flatteroit-on de voir cesser l'effet quand les causes acquièrent tous les lès jours un nouveau degré d'énergie ? le feu, qui est l'image de l'activité, s'éteint-il lorsqu'on l'alimente sans cesse? Le Vésuve qui ensevelit, il y a plus de 1800 ans, *Herculanum* & *Pompeia* sous des fleuves de lave, n'exerce-t-il pas encore tous les jours de nouveaux ravages ? & pourquoi donc cette activité dévorante, qui est de l'essence de la crise actuelle & que tout concourt à entretenir, vous promettoit-elle le terme si prochain de vos maux ? sans doute c'est un état de fiévre ardente, qui sera suivi d'une foiblesse mortelle; mais sur quelles bases calculez-vous la durée de l'accès ? sans doute l'édifice monstrueux de la révolution françoise finira par s'écrouler, parce qu'il est bâti sur un sable mouvant & que toutes ses parties manquent de liaisons & d'ensemble; mais peut-être qu'une grande partie de la génération présente aura le temps de s'éteindre & qu'un deuil général couvrira toute l'Europe, avant l'époque dont on ne cesse de nous fixer le terme

 proprécis, avec une assurance prophétique si ridicule.

Passons à l'état de leurs finances, à ce puissant ressort des gouvernements qui finit toujours par fixer la Victoire; & que toute illusion cesse enfin si nous leur trouvons des ressources capables de soutenir indéfiniment ce colosse de puissance.

Les scélérats, qui sont à la tête du gouvernement actuel de la France, se sont emparés des deux tiers du territoire de ce superbe royaume, & d'une masse d'effets précieux d'une valeur incalculable, par la réunion des domaines de la Couronne, des biens du Clergé & de la Noblesse; déja depuis long-temps, ils grossissent tous les jours ce fleuve de déprédations, des dépouilles de cette foule de victimes qu'ils immolent; & pour peu qu'ils continuent encore avec le même acharnement la guerre qu'ils ont déclarée à tous les propriétaires, ils vont se trouver en possession de toutes les propriétés: la France en-

entière ſera l'appanage du crime triomphant ; c'eſt dans ſes mains enſanglantées que ſeront réunies toutes les richeſſes, tous les moyens de ſubſiſtance.

Une maſſe d'Aſſignats énorme, dont l'émiſſion n'a point de bornes, & que la crainte fait admettre ſans réclamations & ſans difficultés dans toute l'étendue du royame, fournit au payement de tous les objets de l'intérieur ; c'eſt à dire, en dernière analyſe, que la ſolde des troupes, leur nourriture, leur équipement, leurs marches, &c. enfin tout ce qui épuiſe les reſſources des puiſſances étrangères, ne coute rien à la Convention depuis qu'elle a converti les papéteries en Hôtels des monnoyes, & qu'elle a ſubjugué la France au point de pouvoir tout oſer, ſans ménagement & ſans crainte. C'eſt ainſi que l'on dépenſe aujourd'hui, en ſix ſemaines, plus que cet ancien régime ſi décrié ne l'a jamais fait dans une année entière, à l'époque de ſes plus grandes dilapidations, & que néanmoins on auroit tort de voir dans ce monſtrueux gaſpillage la plus légère cauſe d'épuiſement ; puiſque l'épuiſement ne peut réſulter que de la diſproportion des efforts & des reſſources, & qu'ici les reſſources ſe reproduiſent, comme par enchantement, au gré des beſoins.

Il eſt, je le ſais, telles dépenſes qui exigent indiſpenſablement du numéraire ; mais tous les ſouverains enſemble en poſsèdent-ils autant que la Convention a dû s'en procurer par ſa ſpoliation de toutes les égliſes, des tréſors de la couronne, & des eſpèces monnoyées trouvées chez cette multitude de perſonnes que leurs richeſſes ſeules ont fait arrêter ou immoler comme ſuſpectes ; par le pillage des opulentes cités de *Lyon* & de *Marſeille*, & l'enlèvement des matières d'or & d'argent partout où on a pu en découvrir. C'eſt au moyen de ce numéraire verſé à pleines mains qu'elle ſoudoye des émiſſaires dans tous les païs, qu'elle reçoit des puiſſances neutres & de ſes ennemis même, les

grains

grains & autres objets de consommation dont elle ne pourroit se passer ; car, je suis loin d'être de l'avis des personnes qui pensent que la plupart de ces cargaisons, qui ne cessent d'aborder dans les ports de France, sont autant de secours gratuits envoyés par leurs dignes confrères, les patriotes étrangers ; j'ai été assez à portée d'étudier cette classe d'hommes pour pouvoir assurer que l'intérêt est la première de leurs passions, avant même celle de faire le mal : les François ne doivent espérer de leur part que des vœux sanguinaires & des manœuvres sourdes, en attendant l'époque des grands crimes s'ils parviennent jamais à pouvoir assouvir leurs vengeances avec la certitude de l'impunité. Qu'il est accablant de se convaincre tous les jours davantage, qu'il ne manque à la plupart des hommes pour devenir atroces, que l'occasion de se livrer à toute leur perversité naturelle ! . . . mais reprenons l'énumération des ressources du gouvernement actuel de la France.

Les

Les armées éprouvent-elles quelques besoins? l'envoi de quelques fournitures, telles que souliers ou chemises, éprouve-t-il des retards? ces objets sont mis en réquisition dans toute la contrée; à l'instant tout le monde s'empresse de se dépouiller; & l'homme le mieux pensant, par-là même plus en butte à la malveillance, se fera remarquer par l'étendue de ses dons *soi-disant patriotiques*, trop heureux de sauver sa tête au prix de pareils sacrifices. Ce qui a lieu pour les choses les plus minutieuses, comme de la charpie ou du vieux linge pour panser les blessés, s'étend généralement à tous les objets sans exception; il n'en faut pas davantage pour se procurer les hommes & les chevaux; faire courir la poste aux canons & aux armées; la signature du premier scélérat que la Convention a investi de ses pleins pouvoirs, opère comme par un charme magique, en deux fois vingt-quatre heures, ce que les Souverains ne peuvent effectuer qu'au bout de plusieurs

ſieurs mois, & en prodiguant leurs tréſors.

Nous pourrions faire encore de nouveaux rapprochements, qui tous concourroient à démontrer juſqu'à l'évidence que les François réuniſſent contre leurs ennemis une foule d'avantages, eſſentiellement dépendants de la criſe affreuſe qui les agite; car, quel eſt le ſouverain, quelque deſpote qu'on le ſuppoſe, qui pourroit oſer une ſeule fois ce que les prétendus régénérateurs de la France ne ceſſent de faire depuis quatre ans? un léger impôt, impérieuſement exigé par les circonſtances pour le maintien des propriétés & de l'exiſtence des contribuables, eſt l'objet de mille plaintes & de mille réclamations; tandis qu'on diſpoſe arbitrairement de tout en France, & que le moindre murmure ſeroit l'arrêt de mort du malheureux qu'on dépouille, pour avoir plus de moyens de l'opprimer.

Il ſeroit aiſé de faire ſentir l'importance inappréciable d'une conſidération

que

que rien ne sauroit balancer. Les régicides combattent sur leurs propres foyers, entourés de forteresses qui facilitent leurs attaques, assurent leur retraite, & reposent leur armées; ils ont la certitude de pouvoir aisément réparer leurs pertes. Les alliés, au contraire, sont dans un païs ennemi, entourés de malveillants & d'espions; leur territoire, ouvert de toutes parts, n'est garanti que par les places dont ils peuvent se rendre maîtres; leurs pertes ne se réparent qu'après beaucoup de temps, avec des difficultés & des dépenses extraordinaires; enfin, il leur faut une longue suite de succès brillants & non interrompus pour en venir à leurs fins; & s'il arrivoit que la victoire se rangeât entièrement, pendant un seul jour, du côté de la rage forcenée soutenue par une grande supériorité de nomber..... tout seroit perdu sans ressource.

Que faut-il donc conclure de tant de tristes & incontestables vérités? le contraire de ce que vous conseillent de

toutes

toutes parts cette foule de malveillants qui vous entourent, parce qu'il eſt en général d'une ſaine politique de tenir une conduite oppoſée à celle que nous trace l'ennemi ; ils veulent une paix impoſſible ; faites une guerre à outrance, car on ne peut traiter qu'avec un ennemi généreux. Que diroit-on de navigateurs paiſibles qui, à la ſuite d'une foule de provocations, d'outrages & de menaces, ſe ſeroient enfin décidés à réunir leurs forces contre un Forban dont ils ne peuvent attendre que l'eſclavage ou la mort, ſi bientôt après on les voyoit ſe dévouer en victimes ſoumiſes & chercher à traiter avec ce même pirate, parce qu'ils trouvent plus de réſiſtance qu'ils ne s'y étoient d'abord attendus ? & cela, ſans ſonger que le peu d'enſemble & d'harmonie qu'ils ont mis dans leurs efforts a été le premier obſtacle à leurs ſuccès, au moment où un peu de conſtance encore & le concours de tous les moyens alloient purger les mers de ce

 fléau

fléau dévaſtateur & devenir à jamais le gage de leur ſureté.

Suppoſons un vaiſſeau qui renferme un grand nombre de paſſagers de tous les états, de toutes les nations ; les haines particulieres, les différences de langage, tout concourt à les rendre abſolument étrangers les uns aux autres, peut-être même ennemis. Une voye d'eau ſe déclare, & pendant longtemps perſonne ne s'alarme de ſes progrès. On commence cependant à prévoir le danger ; & les uns ſe mettent tout entiers à la beſogne, tandis que les autres, pour colorer leur mauvaiſe volonté, prennent pour prétexte, ou leur foibleſſe ou leur ſécurité perſonnelle au milieu de l'effroi général. Enfin, le péril devient imminent ; le moment des illuſions eſt paſſé, l'image de la mort eſt préſent à tous les cœurs ; dans un clin d'œil, elle a ſuſpendu toutes les haines, a preſque fait diſparoître jusqu'à la différence du langage ; tout le monde s'entend, tout le monde retrouve des ſorces pour concourir au même but; le voiſinage des côtes donne une nouvelle ardeur & le vaiſſeau ne tarde pas à mouiller au port..... L'application n'eſt pas équivoque, le voile eſt aſſez léger; mais enfin c'en eſt un, quelque tranſparent qu'il puiſſe être, & déſormais il faut que la vérité ſe montre toute nue. L'Europe eſt ce vaiſſeau menacé d'une ſubmerſion prochaine; cette longue & funeſte indifférence, tous les Souverains ont eu longtemps à ſe la reprocher; & encore aujourd'hui, pendant que quelques uns d'entr'eux ſe conſument en efforts pour le ſalut de tous, la voix publique en déſigne d'autres qui refuſent de les ſeconder..... & qui les traverſent peut-être. Dieu veuille du moins que l'exactitude du rapprochement ne ſe borne pas là, & que l'urgence du danger leur deſſille enfin les yeux pendant qu'il en eſt temps encore. Je ne doute pas du ſuccès de leurs efforts réunis; Paris eſt le but où ils doivent tendre ; mais, qu'ils ne perdent pas de vue que la Campagne de 1794 décidera irrévocablement de leurs destinées.

C'est sans doute cet ensemble, cette précieuse harmonie qui doivent être l'objet de nos vœux les plus ardents ; mais si nous avons jamais le bonheur de voir le concours de toutes les volontés & de tous les efforts vers un même but, il sera encore essentiel de mettre à profit les leçons salutaires de l'expérience, & d'employer une tactique nouvelle contre un ennemi qui a tout bouleversé. Il est trop évident qu'on a plus d'un reproche à se faire dans l'emploi des forces, pendant le cours de la Campagne de 1793. Je cherche à oublier celle qui l'a précédée ; je respecte le voile impénétrable qui en couvre les opérations, & je détourne les yeux des calamités inouïes qui en ont été la suite, pour m'arrêter avec complaisance à cette époque si glorieuse pour les armes Autrichiennes.

Bréda étoit pris ; l'importante place

de

de Maëstricht, bombardée avec vigueur, étoit menacée d'une destruction prochaine ; la Hollande alloit être envahie & assurer à jamais le triomphe du crime ; il falloit une espèce de miracle pour conjurer l'orage. Le Prince de *Cobourg*, quoique attendant encore des renforts considérables, malgré les rigueurs de la saison & la grand infériorité de ses forces, n'hésita pas à le tenter ; il n'y avoit pas un instant à perdre. Un succès, tel que les annales de l'histoire n'en offrent pas d'exemple, couronna cette héroïque résolution ; de toutes parts, les régicides épouvantés, dispersés, taillés en pièces, abandonnant magasins & artillerie, fuyoient en désordre devant une petite Armée, & dans ce même païs que la réunion de toutes leurs forces n'avoit pu conquérir que pas à pas sur un corps de quinze mille hommes, harrassés de fatigue. Ils ne semblèrent se rallier à *Nerwinde*, à la voix de l'intrépide *Dumourier*, que pour donner un nouveau

lus-

luſtre au triomphe de leurs vainqueurs ; le nombre, l'impétuoſité, l'acharnement du déſeſpoir, tout céda à l'intrépidité au-deſſus de tous les éloges des braves Autrichiens & à l'habileté de leurs dignes chefs ; jamais la renommée n'eut à publier des exploits auſſi rapides, auſſi éclatants ; chaque jour, chaque heure étoit le ſignal d'un nouveau ſuccès ; on ne peut comparer cette marche triomphale qu'aux flots irrités de l'Océan qui renverſent tout ce qui ſe trouve ſur leur paſſage, & rejettent au loin ſur les côtes toutes les impuretés qui ſouilloient ſon ſein.

De quels ſuccès, ces premiers ſuccès ne paroiſſoient-ils pas l'heureux préſage ? La diſgrace de *Dumourier*, cet homme moins dangereux encore par ſes rares talents que par ſa profonde ſcélérateſſe, arriva preſqu'au même inſtant ; le coup vigoureux d'autorité qu'il frappa contre *Bournonville* & les quatre députés qui vinrent lui ſignifier les ordres ſuprêmes du tripôt Conventionnel, ſa grande influence ſur les troupes qu'il avoit preſque décidés à marcher vers *Paris*, tout ſembloit annoncer que la dernière heure du crime étoit enfin venue. Une foule d'inconſéquences puériles que les fureurs de la vengeance & le délire de l'orgeuil peuvent à peine expliquer, firent entièrement avorter le vaſte plan qui eût briſé en un ſeul jour le ſceptre de la Convention; mais, du moins il dût en réſulter néceſſairement une déſorganiſation totale, une conſternation dont on pouvoit ſe promettre les plus grands avantages. L'obſervateur éclairé & impartial vit avec un douloureux étonnement l'inaction des alliés, pendant que *Dampierre* raſſembloit avec activité autour de lui les débris de l'armée, & ſe mettoit en état de venir bientôt provoquer les vainqueurs.

Plein de reſpect pour les intentions & les talents des généraux Autrichiens, je ſuppoſe que de grandes raiſons ont déterminé leur conduite; j'imagine

qu'ils

qu'ils ont voulu attendre des renforts en hommes & en artillerie pour être surs de pouvoir ensuite frapper de plus grands coups ; mais, en combattant surtout contre des François, ce supplément de forces pouvoit-il balancer l'avantage de profiter de la terreur générale qu'avoit inspiré le nom Autrichien ? depuis, toutes leurs tentatives n'ont cessé d'être couronnées par la Victoire, mais jamais on n'a paru songer à tirer parti de ces succès ; chaque coup de vigueur a été signalé d'une longue inaction qui en a fait perdre presque tout le fruit. Les esprits, frappés de terreur, ont toujours eu le temps de se rasseoir ; & c'est cependant cette salutaire terreur qui n'auroit pas dû cesser d'être un instant *à l'ordre du jour*, pour se servir de l'expression que les bourreaux appliquent à leurs victimes ; c'est elle qui a fait & maintenu la révolution ; & si elle ne concourt puissamment à détruire son monstrueux ouvrage, il est trop à craindre que les efforts des puissances ne fassent qu'aggraver en pure perte les maux de l'humanité.

On en a vu l'effet de cette terreur, lorsqu'après le fameux siège de *Valenciennes*, si longtemps différé, si peu actif pendant quelques instants, & suivi, comme le reste des opérations, d'une inaction mortelle, on se présenta devant le camp de *César*. Avec quel plaisir on se reporte à cette époque brillante où rien ne pût rassurer l'armée Conventionnelle, ni cette position que la nature semble avoir voulu rendre inexpugnable, ni ces travaux immenses où l'art avoit tout récemment épuisé ses ressources, ni cette artillerie si terrible dont les nombreuses redoutes étoient hérissées. La terreur précédoit les armes des alliés jusqu'alors toujours victorieuses; leur intrépidité, dirigée par une tactique savante, n'avoit pas encore connu d'obstacles. Le même sentiment agite tous les cœurs des régicides; tenter un nouveau combat, c'est aux yeux de tous s'expoſer à une nouvelle défaite, & l'on voit abandonner ſans coup férir, à la ſimple approche de l'ennemi, ce même camp que vingt mille bras venoient de mettre en état, diſoit-on, de reſiſter victorieuſement à tous ſes efforts; qu'on repréſentoit naguères à la Convention comme le boulevard de la France, & qu'on s'étoit accoutumé à regarder aſſez généralement comme le plus grand obſtacle pour parvenir juſqu'à *Paris*. Quel moment précieux pour frapper des coups aſſurés & déciſifs, ſoit en pourſuivant à outrance l'armée fugitive, ſoit pour preſſer la reddition des places où cette retraite inattendue avoit répandu le découragement, & qui ſe trouvoient livrées à leurs propres forces! quel augure plus favorable pour le reſte de la campagne! le Major d'*Aſpre* eſt chargé d'aller ſommer *Cambrai*; de toutes parts il entend dire dans cette ville que les habitans deſirent de ſe rendre; qu'il n'y a preſque point de garniſon, & qu'on ſaura bien triom-

pher

pher de sa résistance, parce qu'on ne veut pas s'exposer à subir le sort de *Valenciennes*; que la place est entièrement dépourvue de moyens de défense, & qu'à peine quelques canons en défendent les ramparts, &c..... (1)

Néanmoins, le Commandant fait la réponse usitée en pareil cas, à moins qu'on ne se soit assuré d'avance de ses dispositions; il proteste qu'il se défendra jusqu'à la dernière extrémité. Quelques boulets rouges, & deux cents bombes venues en poste, eussent aisément triomphé de ces prétendus projets de résistance & assuré la possession de cette place importante; aujourd'hui, il faudroit consommer sous ses murs un temps précieux & des munitions immenses, tracer trois paralleles, sacrifier beaucoup d'hommes dans les tranchées, avoir une armée nombreuse pour couvrir le siège,

D 2 & rem-

(1) On n'a pas tardé à avoir la preuve certaine du dénuement total de la place par les rapports rendus à la Convention.

& remporter des victoires signalées pour pouvoir en continuer les opérations : c'est surtout en guerre que l'occasion perdue ne se retrouve plus.

La réponse négative du Commandant, sans avoir égard aux circonstances où se trouvoient & la Ville & l'Armée conventionnelle, fut le signal d'une marche rétrograde. C'est alors que cette fatalité qui semble présider aux destinées de la France & l'entraîner rapidement vers sa perte, fit prévaloir la résolution de diviser les forces des alliées pour pouvoir mener de front les sièges de *Dunkerque* & du *Quesnoi*; c'est aussi de cette époque que datent tous leurs revers.

Le Duc d'York prit la route de *Dunkerque*, à la tête d'une Armée de quarante mille hommes de bonnes troupes. La célérité de sa marche, son arrivée sous les murs de cette ville sans grosse artillerie, long-temps avant le terme convenu avec l'Amiral Macbride qui devoit presser le siège de côté de la mer; l'inl'intrépidité héroïque mais peu mesurée avec laquelle on poursuivit les fuyards jusques sur le glacis de la place; la fuite en Angleterre du Général Irlandois qui y commandoit...... tout concourt à annoncer qu'on avoit des intelligences, & qu'on y compta au point de négliger les précautions de la prudence la plus commune. Si l'on s'étoit seulement pourvu de quelque artillerie de siège & qu'on eût eu le soin de mettre l'Amiral Macbride dans le secret de cette marche prématurée, pour pouvoir employer la force au défaut de la persuasion; une place de la force de *Dunkerque* eût été probablement emportée avant qu'on pût la secourir. Peut-être même qu'il eût suffi que les forces fussent là pour être dispensé d'en faire usage; car le grand moyen de se ménager des intelligences & d'en tirer parti, c'est d'être toujours en état de s'en passer.

Dès qu'on vit qu'il ne falloit plus compter sur des intelligences, malheureusement

reuſement trop regardées comme infaillibles ; on ſongea à recourir aux moyens de vigueur ordinaires, & l'on attendit, dans une ſorte d'inaction forcée, l'arrivée de l'artillerie de ſiège. Pendant ce temps-là, quelques Chaloupes Canonnières & une ou deux carcaſſes de batiment armées, renouvelloient ſans ceſſe leurs ravages dans le camp des alliés, & déſoloient impunément la Cavalerie Autrichenne. La Garniſon, de ſon côté, appréciant tous les jours davantage à leur juſte valeur les expreſſions menaçantes de la ſommation, voyant qu'on ne ſongeoit pas même à l'inveſtir, recevant à chaque inſtant par la voye de *Gravelines* des renforts de tous les genres & l'aſſurance d'être bientôt délivrée, faiſoit de fréquentes ſorties & répugnoit plus que jamais à toute eſpèce de Capitulation.

Ces mêmes hordes Conventionnelles, qui avoient abandonné les poſitions les plus inexpugnables à la ſeule approche de la maſſe impoſante des alliés, ſongerent

gerent à leur tour à faire une guerre offenſive quand elles les virent ſe diviſer, & ſe promirent d'avance un ſuccès certain de la réunion de preſque toutes leurs forces contre une Armée de quarante mille hommes, obligée de ſe ſubdiviſer encore en Armée d'obſervation & de ſiège, & de contenir une garniſon dont on pouvoit à tous moments augmenter le nombre & diriger les efforts. Le camp de *Caſſel* fut déſigné comme le lieu du rendez-vous des régicides; peu à peu les Troupes y arriverent par petits Corps détachés ſans qu'on ait tenté de troubler la marche d'un ſeul Bataillon, ou de les inquiéter ſur d'autres points. Enfin, après avoir raſſemblé leurs forces bien à loiſir, puiſque la place ne fut pas même inveſtie un ſeul inſtant; après avoir bien combiné leur plan & s'être aſſuré de tous les moyens d'exécution, ils ſe répandirent comme un torrent dans la plaine. Alors, l'intrépide réſiſtance des alliés ne ſervit qu'à prolonger le carnage, retarder de

quelques

quelques instans leur défaite, & exposer à des dangers plus imminents la personne du Général en chef & d'un des fils du Roi d'Angleterre, tous les deux blessés & au moment d'être faits prisonniers. On connoît l'énormité de leurs pertes en hommes, canons, magasins, &c. on se souvient de la cruelle déroute des Hollandois, à *Menin* & à *Vervick*, qui en fut la suite immédiate; néanmoins, le Général *Houchard*, que la Victoire venoit de couronner d'une maniere si éclatante, ne tarda pas à porter sa tête sur l'échafaut; & de tous les généraux immolés par la hâche de la Guillotine, c'est peut-être le seul dont la mort ne puisse pas être regardée comme un assassinat, car il est certain qu'il devoit naturellement arriver pis encore.

La valeur de l'Armée Autrichienne & l'habileté de ses Chefs ne tarderent pas à arrêter les progrès des régicides & à les faire rentrer sur leur territoire; mais rien ne pouvoit réparer les pertes énormes des alliés dans tous les genres, les animosités

animosités qui en furent la suite, le retard du siège de *Maubeuge* dans une saison si avancée, & moins encore l'effet redoutable de tant & de si grands succès sur l'opinion, dans une guerre toute d'opinion. Jusqu'ici les patriotes avoient combattu les alliés quoiqu'une funeste expérience dût en quelque sorte les leur faire regarder comme invincibles; la victoire de *Dunkerque* leur inspira la même présomption, ranima dans leurs cœurs les mêmes espérances que chez les sauvages de l'Amérique, lorsqu'ils virent pour la première fois tomber sous leurs coups ces Européens qu'ils avoient considéré pendant si longtemps, comme des êtres d'une classe supérieure. Ils crurent qu'il ne s'agissoit plus que de bien diriger leurs efforts; il n'en fallut pas davantage pour justifier à leurs yeux les trahisons qui avoient été le prétexte de la disgrace ou du supplice de tant de Généraux. On dut s'attendre à leur voir déployer dans peu une audace nouvelle ; l'occasion s'en présenta bientôt.

Les Autrichiens qui étoient sur le point d'entourer *Maubeuge*, quand la déroute de leurs alliés les obligea à se porter en toute hâte du côté de *Menin*, sentant combien la possession de cette place assureroit la tranquillité d'une grande étendue de leurs Frontières, se décidèrent à essayer de l'emporter avant la fin de la campagne. Toutes les redoutes qui en défendoient les approches furent attaquées & enlevées à la fois ; déjà, malgré la rigueur de la saison, la ville étoit investie, & l'on pressoit les travaux du siège, lorsque les régicides qui avoient rassemblé, lentement & sans obstacles, toutes leurs forces du côté de *Landreci* & d'*Avesnes*, vinrent attaquer l'armée d'observation. N'ayant pas pu parvenir à l'entamer dans cette première affaire, ils livrèrent de nouveau une bataille générale le lendemain ; c'est alors qu'excités par le

délire

délire du fanatisme & l'abondance des liqueurs enivrantes, on les vit se précipiter à la bouche des canons qui moissonnoient les rangs entiers, & ne cesser de chanter leurs airs révolutionnaires au milieu des ruisseaux de sang, des cris des blessés, & des cadavres des leurs entassés par monceaux. Rien sans doute ne pouvoit résister à tant d'acharnement, puisque les braves Autrichiens furent obligés d'abandonner leurs positions. Leur retraite fut celle du lion accablé par le nombre, & dont personne n'ose approcher de trop près, malgré la perte de son sang & l'épuisement de ses forces ; mais enfin il fallut lever le siège de *Maubeuge*, & ne plus s'occuper qu'à défendre son propre territoire. Quelle confiance en ses forces ne dût pas inspirer à la convention, ce grand succès contre les meilleurs troupes & les meilleurs Généraux de l'Europe !

Pendant que cela se passoit dans cette partie des frontières, les fameuses lignes de *Weissembourg*, qu'on avoit paru long-temps regarder comme inexpugnables, furent forcées en moins d'une heure par l'armée du Général de *Wurmser* & l'armée du Prince de *Condé*; les Prussiens contribuèrent au succès de cette journée par des manœuvres. On devoit s'attendre naturellement à beaucoup plus de résistance; mais la victoire de *Weïssembourg* fut une suite de l'échec de *Maubeuge*, car il paroît qu'on avoit fortement dégarni les lignes pour être plus sur de faire lever le siège de cette place.

Ne laissons pas passer l'occasion de faire une remarque consolante; observons que ces transports continuels de troupes si fatiguants & si destructeurs pour les hommes, & surtout pour les chevaux, (d'*Alsace* en *Flandres*, & de *Flandres* en *Alsace*, de l'armée du *Nord* à celle de la *Vendée*, des gorges de la *Savoye* sous les murs de *Lyon*, de *Lyon* à *Toulon*, & de *Toulon* à *Perpignan*) & la longue inaction des armées jusqu'au moment où elles ont reçu les ren-

forts

ſorts des autres points, prouvent d'une manière inconteſtable que la Convention commence à porter la peine de ſes monſtrueux excès, & qu'obligée de répartir ſes partiſans dans tous les coins du royaume pour contenir ſes nombreux ennemis de l'intérieur, elle ne peut pas envoyer contre ceux du dehors, autant d'hommes qu'elle a l'air de le croire, & qu'elle eſt parvenue à le perſuader; cela prouve encore que ſa grande réſiſtance tient ſurtout à la manière dont elle a été attaquée, & à la liberté qu'elle a toujours eue de dégarnir ſans inconvénient tous les points, pour réunir des forces immenſes dans celui qui étoit menacé.

Revenons aux Lignes de *Weïſſembourg*; après ce grand ſuccès, le plus important ſans doute de la guerre ſi l'on en eût recueilli tout le fruit qu'il étoit naturel d'en attendre, *Lauterbourg* & *Weïſſembourg* ouvrirent leurs portes; l'armée victorieuſe fit une marche de pluſieurs lieues ſans rencontrer un ſeul ennemi;

la

la ville de *Haguenau*, quoique couverte par une forêt considérable qui pouvoit en retarder la prise, se rendit sans résistance ; les habitans paroissoient dans les dispositions les plus favorables ; l'armée régicide étoit en quelque sorte dispersée & frappée de consternation. *Strasbourg* même, s'il falloit en croire un bruit public qui a pris une bien grande consistance, & que personne n'a cherché à démentir, *Strasbourg* offrit au Général de *Wurmser* de lui ouvrir ses portes. . . . . Mais, je ne me permettrai pas d'établir mes réflexions sur des probabilités ou de simples conjectures, & je me plais à croire que lorsqu'il ne s'agissoit de rien moins que de frapper un coup décisif qui devoit hâter le terme des maux de l'humanité, il n'auroit pas pu exister de clauses capables, je ne dis pas de provoquer un refus, mais même de faire différer d'un instant la conclusion d'un pareil traité.

Ce qu'il y a du moins d'incontestable, c'est que les alliés avoient un parti nom-

nombreux & puiſſant dans les murs de *Straſbourg*, & qu'on n'a pas ſongé à profiter du premier moment de la conſternation des patriotes & de la déroute de leur armée, pour tâcher de s'aſſurer de cette place importante ; ce qu'il y a de ſûr encore, c'eſt qu'on a reſté longtemps dans une inaction inexplicable, même par les rigueurs de la ſaiſon ; puiſque l'activité des patriotes ne s'eſt pas un moment ralentie ; c'eſt que la ſeule tentative de vigueur qu'on ait faite s'eſt réduite à l'attaque du *Fort-Louis*, qui s'eſt rendu dans la première ſemaine ; c'eſt enfin, qu'après avoir jetté quelques bombes dans *Landau*, pendant trois ou quatre jours, on a entièrement abandonné la partie pour adopter le ſyſtême funeſte & éternel du blocus, comme s'il eût été fort extraordinaire d'éprouver, de la part de la place la plus forte du royaume & de l'ouvrage le plus parfait de Mr. de *Vauban*, la réſiſtance dont la moindre bicoque eſt ſuſceptible.

Pen-

Pendant ce temps, la Convention, dont le grand art consiste surtout à profiter des fautes nombreuses de ses ennemis, & à employer les longs & mortels intervalles qui ont toujours séparé leurs opérations, s'est hâtée d'envoyer des commissaires en Alsace. La terreur, les exactions & des flots de sang ont marqué leurs pas. Après avoir fait immoler comme suspect, à la tête de l'armée, tout ce qui ne portoit pas au dernier degré d'exaltation le délire révolutionnaire, pour confirmer la prétendue trahison qui avoit expliqué aux yeux de la multitude la prise des lignes, ils vinrent régénérer à leur manière la Ville de *Strasbourg*; c'est à dire, que toutes les places de l'administration furent confiées à des Sans-culottes éprouvés par leur énergie & leur persévérance dans le crime, que le sang des gens honnêtes coula à grands flots sous la hache de la Guillotine, & que les riches de toutes les classes s'estimèrent trop heureux de sau-

ver

ver leurs têtes, au prix de contributions pécuniaires énormes. De toutes parts les réquisitions d'hommes se firent avec une nouvelle activité; on reçut des renforts considérables de l'Armée de *Jourdan*, bien sûr de pouvoir se dégarnir sans danger devant un ennemi qui avoit pris ses cantonnements; on rassembla toutes les garnisons de l'*Alsace* & de la *Lorraine*...... On me dispensera d'entrer dans aucun détail sur le sort des lignes de la *Motter* & de ses redoutes, ainsi que du Blocus de *Landau* dont un peu de vigueur & de constance auroient depuis longtemps assuré la possession, qui seule pouvoit procurer la tranquillité aux armées alliées. L'impression en est trop douloureuse pour les ames honnêtes; la plaie saigne encore, elle prolonge le règne du crime, & les suites en seront à jamais irréparables pour tous les malheureux habitants de l'Alsace nouvellement conquise, du Duché des *Deux-Ponts*, & de la partie de l'Allemagne qu'on a été obligé d'abandonner aux dévaſtations ſans exemple des régicides.

Ne craignons pas de trop nous appeſantir ſur des vérités d'où dépend le ſalut des Empires ; & pour cela, mettons en oppoſition les différentes circonſtances des ſuccès & des revers, faiſons une récapitulation plus étendue & plus rapide des principaux événements de la Campagne dernière. Le Prince de Cobourg, à la tête d'une petite armée, culbute toutes les forces juſqu'alors victorieuſes des patriotes, les pourſuit toujours la bayonnette dans les reins, délivre la Hollande, & fait la conquête des Païs-Bas en moins de quatre ſemaines ; le camp de *Famars*, qui ſous le Maréchal de *Villars* tint les ennemis en échec pendant toute une campagne, a été enlevé dans quelques heures avec une perte peu conſidérable ; le fameux camp de *Céſar* a été évacué d'après les ſeules diſpoſitions d'attaque des alliés : le camp retranché de *Ghivelde* & celui

ſous

ſous *Dunkerque* n'ont pas oppoſé une longue réſiſtance ; quatre mille hommes attaqués dans *Marchiennes*, ont été, tous ſans exception, taillés en pièces ou faits priſonniers ; enfin, il n'a pas fallu plus d'une heure pour ſe rendre maître des lignes formidables de *Weïſſembourg*.

Paſſons aux revers : les retranchements *d'Hondſcoote* ont été pris, inondés du ſang des alliés ; l'armée Hollandoiſe, qui défendoit *Menin* & *Verwick*, a été miſe en déroute ; les Autrichiens eux-mêmes, couverts par de nombreux abbatis, ont été forcés de lever le ſiège de *Maubeuge* ; les approches de *Toulon*, d'où dépendoit le ſort de la ville, & qu'on avoit eu le temps de fortifier pendant quatre mois, ont été forcés en moins d'une heure ; on a été obligé d'abandonner, preſque ſans combattre, les lignes de la *Motter* où vingt-quatre redoutes, garnies d'artillerie, croiſoient leurs feux. Le blocus de *Landau* a été levé, & les races futures ne voudront jamais ajouter foi aux triſtes feuillets de

 l'hiſl'histoire de ce siècle de fer, qui leur apprendront que les armées des deux plus puissants Potentats de l'Europe, commandées par le Général de *Wurmser* & le Duc de *Brunswick*, ont été repoussées de positions que la nature, l'art & la saison concouroient à rendre inexpugnables, par un ramassis de brigands sous les ordres de *Hoche* & de *Pichegru*; qu'elles ont été obligées d'abandonner non seulement toutes leurs conquêtes, mais encore leurs magasins, & une partie intéressante de leur propre territoire qu'elles ont vu ravager impunément de la manière la plus atroce, après avoir mis le Rhin entre elles & les brigands victorieux.

N'est-il pas bien naturel de conclure de cet apperçu, que le peu de succès de la campagne doit être beaucoup moins attribué à l'insuffisance des forces, qu'à l'emploi qu'on en a fait? n'en résulte-t-il pas évidemment qu'on n'a eu égard ni à la nature de cette guerre, ni à l'espèce d'ennemis qu'on avoit à combattre ? dans une guerre *d'opinion*, & surtout contre des François, qui joignent à leur bravoure & à leur impétuosité naturelles, tout le délire du fanatisme, le moindre échec qu'on éprouve est le garant d'un échec plus considérable qu'on ne tardera pas à éprouver ; le moindre retard est une faute, dont l'ennemi profite pour revenir de son étonnement & réparer dans un instant ses forces ; le systême d'une guerre défensive entraîneroit la perte inévitable des plus nombreuses & des plus vaillantes Armées. Il faut toujours attaquer les Régicides, dissiper à temps leurs rassemblements, marcher à eux avant qu'ils ne s'ébranlent pour présenter le combat ; les prévenir en tout, les harceler sans cesse ; les poursuivre à outrance quand on est vainqueur, les attaquer encore le lendemain du jour où la victoire se sera rangée de leur côté..... avec une pareille conduite, des troupes ordinaires pourront les soumettre ; avec de la lenteur, des cordons, des abbatis & des lignes,

lignes, ces brigands, par leur activité dévorante & leur acharnement féroce, triompheroient à la longue des Soldats d'Alexandre, ou en choiſiſſant plus près nos modèles d'héroïſme, des Autrichiens eux-mêmes, qui déployeroient en pure perte toute leur valeur & leur habileté.

Les raiſons qui viennent à l'appui d'une trop funeſte expérience, ſe preſſent ſous ma plume; j'en choiſirai une d'un grand poids, qui tient eſſentiellement aux circonſtances. Perſonne n'ignore la vivacité & la chaleur qui diſtingue les François; leur état habituel ſeroit un état violent pour tout autre peuple. Qu'on ſonge maintenant que tous les preſtiges ſont mis en œuvre pour exalter ces diſpoſitions inflammables, & l'on aura trouvé l'explication de tant d'effets en apparence ſi extraordinaires, mais qui n'étonnent cependant que ceux qui ont négligé d'en approfondir les cauſes. On verra, que les Armées patriotes ſont compoſées en grande partie d'une foule d'aveugles,

mais

réunis par le besoin ou la violence, mais dirigés par des scélérats habiles. On verra, qu'on les prépare en quelque sorte au combat, & qu'alors ils ressemblent à ces sauvages, qui après avoir bu des liqueurs fermentées & entonné leurs chants de guerre, ne tardent pas à entrer en fureur, en brandissant leurs armes d'une manière menaçante; ou bien, à ces dogues, naturellement saisis d'effroi à l'aspect du lion, mais bientôt excités au point d'oser attaquer de front l'animal terrible, qui, après s'être entouré de cadavres, finit par succomber d'épuisement à des assauts toujours renouvellés. Il ne sera pas inutile de faire connoître plus particulièrement ici cette tactique infernale, si digne des monstres qui l'ont inventée.

Lorsque les régicides ont à frapper quelqu'un de ces grands coups, dont le comité de salut public a tracé le plan, & dont la tête du Général garantit le succès, on fait assembler l'armée; les Commissaires paroissent, décorés de

toutes

toutes leurs marques distinctives ; ils font lecture de quelque flagornerie de la Convention ou du Comité, & ils y ajoutent une harangue dans le style oriental du jour. Les aboyeurs jurés se répandent dans les rangs pour en faire le commentaire, applaudir les forcenés, & travailler les tièdes ; l'air retentit au loin des cris de *Vive la République*, d'imprécations & de blasphêmes contre tous les Rois sous le nom de *Tyrans*, contre tous leurs sujets sous le nom *d'Esclaves* ou de vils *Satellites du Despotisme*. Des femmes, ou plutôt des *furies* ou des *Bacchantes*, font couler l'eau de vie à grands flots ; une musique guerrière, qui exciteroit les plus lâches, vient mettre le dernier terme à l'égarement & à la fureur, & cinquante mille bêtes féroces écumant de rage, vont fondre à pas redoublés & en poussant des cris de cannibales, sur des soldats dont la valeur n'est excitée par aucune passion.... doit-on être bien étonné qu'un pareil

choc

choc les ébranle & finisse par les enfoncer ?

En attaquant les patriotes au contraire, on est toujours sûr de les prendre en quelque sorte au dépourvu, c'est à dire, qu'on n'a plus à craindre cette impétuosité fougueuse si redoutable; cette masse, cette réunion d'efforts qui n'étoient que l'effet de la réunion de toutes les illusions & de tous les prestiges. L'accès de cette fièvre ardente, qui augmente si prodigieusement les forces des frénétiques, est passé; chacun est dans son état naturel, aucun lien commun ne réunit plus tant de parties incohérentes; rien ne peut plus suppléer aux grands talents; la défiance & le défaut de discipline amènent bientôt la confusion & la crainte. C'est alors que les troupes les plus braves, commandées par le Prince de *Cobourg* & le Général *Clairfayt*, reprennent toute leur supériorité sur des brigands farouches aux ordres de *Jourdan*, *Michau*, & de cette foule de petits scélérats subalternes,

 que

que la renommée n'a tirés de l'obscurité, que pour les vouer à l'opprobre & à l'exécration des races futures. On pourroit se rendre sensible par une comparaison ces deux états si différentes des régicides, lorsqu'ils fondent sur leurs ennemis ou qu'on les attaque à leur tour, en se représentant ces vieux chevaux, jadis l'honneur du manège, qui, travaillés par un écuyer habile, se rappellent encore leurs anciennes prouësses, relevent leurs mouvements, reprennent toute leur fierté, & deviennent en état de se mesurer avec les coursiers les plus généreux; mais ces ressources factices disparoissent avec la cause qui les a fait naître, & si l'on les surprend l'instant d'après, on ne retrouve plus qu'une foiblesse, proportionné à l'état violent auquel ils devoient leurs succès.

Le même esprit d'impartialité qui me guide, & qui me fait former des vœux si ardents pour l'heureuse issue des grands événements qui balancent les destinées de l'Europe, m'oblige à hasarder encore quelques réflexions sur la conduite des alliés; car la lenteur, qu'on paroît fondé à reprocher aux Généraux, s'est étendue aussi aux opérations des Gouvernemens & a eu partout des suites également funestes. On disoit au commencement de la dernière guerre que la pendule de Monsieur de *Sartine* retardoit toujours sur celle du ministère Anglois; avec quelle raison ne pourroit-on pas en dire autant aujourd'hui des pendules de tous les Cabinets de l'Europe sur celle du Comité de *Salut Public*? Je ne choisirai que deux exemples à l'appui d'une vérité, hélas trop évidente. Le premier est cette malheureuse guerre de la *Vendée*, soutenue par des sujets d'une fidélité à toute épreuve; parvenus à se rassembler comme par miracle, à se maintenir par une activité, une harmonie & une persévérance sans exemple, à se pourvoir d'armes, de munitions & d'artilllerie, en les enlevant sur les régicides à force de réso-

résolution. Est-il bien possible que ce soit ces hommes généreux, professant hautement dans toute leur pureté les principes de la Religion & de la Monarchie, qu'on a laissés pendant sept ou huit mois, livrés a leurs propres forces, entourés d'ennemis de toutes parts, sans magasins, sans places fortes, n'ayant jamais que la même armée à opposer, à des armées qui se renforçoient & se renouvelloient sans cesse? Dieu veuille encore que tant d'indifférence n'ait pas été le résultat des combinaisons d'une politique aussi aveugle qu'inhumaine. Enfin cependant, on a paru vouloir les secourir, & l'on a pris des mesures à cet effet; mais, soit par la fatalité des circonstances ou la gaucherie des dispositions, lorsque les *Royalistes* se sont présentés sur les côtes, ils n'ont apperçu aucun des secours qu'ils espéroient y trouver. Dépourvus d'artillerie de siège & de tous moyens d'attaque, ils sont venus verser des flots de sang en pure perte, sous les murs

murs d'une bicoque telle que *Granville* ; la crainte d'être trahi, de manquer de vivres, & de se trouver acculé contre l'océan sans aucun moyen de salut, a engagé ces victimes généreuses à rentrer dans l'intérieur des terres, & à se frayer une route au milieu d'une multitude innombrable d'ennemis, avec les seules ressources du désespoir. L'armement des Anglois est arrivé à *Guernezay* bien peu de temps après; mais ce retard a suffi pour qu'il ne reste plus aux gens honnêtes que des larmes à répandre, sur le sort de tant de milliers de sujets fidèles, qui sans doute seroient maintenant l'objet de nos plus chères espérances, & des craintes les mieux fondées de la Convention. On ne peut pas calculer les conséquences d'une conduite aussi contraire aux intérêts d'une saine politique qu'à ceux de l'humanité ; déjà l'édifice monstrueux de la République seroit tombé en ruines, si l'on avoit senti à temps qu'on ne triomphera jamais de la France, sans associer plus ou moins les

François à ses efforts ; que la contre-révolution tenoit surtout aux succès des *Royalistes* ; que la formation de leur armée étoit de nature à se grossir de cette foule de sujets fidèles, opprimés ou contraints de feindre le patriotisme ; qu'enfin elle étoit établie dans un canton extrêmement abondant, entièrement dégarni de places fortes, où le succès décisif d'un seul jour pouvoit déterminer la conquête de plusieurs départements, & conduire l'armée triomphante sous les murs de *Paris*.

Je passe au second exemple, qui n'est guères moins affligeant pour le cœur de l'homme sensible, ni moins décisif pour les progrès des alliés ; il suffira malheureusement d'exposer les faits. Un bonheur insigne, & tel que les chances de la guerre n'en ont peut-être jamais fourni d'exemple, a mis *Toulon* entre les mains des Anglois, sans qu'il leur en ait coûté ni un seul homme ni un seul coup de canon ; ils y ont trouvé vingt-trois vaisseaux de ligne superbes, dont deux

de

de 120, trois de 80, & tous les autres de 74 pièces de canon, avec un nombre proportionné de frégates & autres bâtiments de guerre ; trois mille canons appartenant à la marine, sans compter une artillerie considérable pour la terre ; des munitions de toute espèce en abondance ; toutes sortes d'approvisionnements pour l'équipement des vaisseaux ; & une population de vingt-cinq à trente mille habitants, en général bien disposés à soutenir vigoureusement la démarche décisive qu'ils avoient faite, en commençant par méconnoitre l'autorité de la Convention & finissant par se livrer à ses ennemis. Tout concouroit à engager les alliés à se mettre le plus tôt possible en état de faire une guerre offensive, (1) & la position géographique de *Toulon* offroit pour cela les

(1) Il n'auroit pas fallu beaucoup plus de forces que pour garder convenablement la ville & la rade de *Toulon*, où l'on étoit obligé de répartir les troupes en dix-sept postes importants, dont les principaux, tels que la redoute de *Balaguier* & la montagne

les plus grands avantages, entr'autres celui de ne rencontrer aucune place, dans quelque direction qu'on voulût porter ses efforts. Les régicides n'étoient pas en force dans cette partie, n'avoient presque point de troupes de ligne, ne se procuroient des munitions de guerre & des vivres qu'avec une difficulté extrême. C'étoit le seul moyen de faire évacuer le Comté de *Nice*, de rendre par-là à l'Armée Piémontoise & Autrichienne toute son activité; de se concerter avec les Espagnols du *Roussillon*, & de profiter du voisinage de quelques Départements, dont les dispositions ne sont pas équivoques, pour opérer la contre-révolution dans le midi.—

Qu'a-t-on fait pour conserver une conquête si précieuse & si inespérée? on y a mis une assez foible garnison, composée de quatre nations étrangères, par-

montagne de *Pharon*, qui ont été forcés par les patriotes, étoient éloignés de près de deux lieues & séparés par la mer, de maniere à ne pouvoir se donner mutuellement aucune espèce de secours.

lant

lant autant de langues bien distinctes, & plus divisées encore par les vues & les animosités que par le langage. Sans doute, il a bien fallu dans le premier moment se servir de tout ce dont on pouvoit disposer ; mais, par quelle fatalité n'a-t-il été question que dans les gazettes, de ces six mille Autrichiens qui devoient s'embarquer d'abord à *Genes*, ensuite à *Livourne*, & pour lesquels on avoit préparé depuis si longtemps des batiments de transport ? qu'est-ce qui a pu différer l'envoie d'un pareil nombre d'Anglois, rassemblés à *Cork* en Irlande presque dans les premiers moments, au point de les faire arriver un mois après l'évacuation ? Un seul de ces renforts eût probablement suffi, pour défendre cette place importante contre les efforts d'un ramassis de vingt-cinq mille hommes, levés à la hâte. Sa perte a dépendu de la prise d'une seule redoute, qu'on avoit eu le temps de fortifier bien à loisir & qui n'a pas tenu une heure, tandis qu'à *Cassel*, vis-à-vis *Mayence*,

 où

où il n'exiſtoit pas veſtige de fortifications, les régicides avoient fait en un inſtant des ouvrages en terre, ſi formidables, que les Autrichiens & Pruſſiens réunis n'ont pas páru croire à la poſſibilité de les attaquer avec ſuccès.

Pénétré de la conduite, au deſſus de tous les éloges, que tient maintenant le gouvernement & le peuple Britannique, je rejette loin de moi tous les bruits outrageants pour la loyauté Angloiſe, auxquels cet événement a donné lieu ; je les regarde comme l'effet de la malveillance, ou de l'injuſtice qu'inſpire trop ſouvent le malheur. Mais, avec le même eſprit d'impartialité & de juſtice, j'inſiſterai ſur un objet qu'on n'a pas aſſez relevé, & qui ne pourroit être qu'une combinaiſon de politique atroce, ſi l'on ne devoit l'attribuer à une négligence ſans exemple, comme ſans excuſe ; je demanderai pourquoi on n'a pas du moins ſongé à mettre en ſureté, en Italie ou en Eſpagne, tous les vaiſſeaux François, dès le moment où l'on a commencé à

avoir

avoir des inquiétudes fondées sur la conservation de la place, le jour où le commissaire Britannique *Gilbert Elliot* faisoit part de ses vives craintes au gouvernement & finissoit par dire, qu'à moins d'un renfort prochain, on pourroit à peine se flatter de posséder *Toulon* jusqu'au vingt-cinq Décembre .... les bons François, réduits à regretter en quelque sorte que tous les vaisseaux n'ayent pas été réduits en cendres, ne peuvent néanmoins s'empêcher de pleurer la perte de ceux qui ont été la proye des flammes, & qu'on eût peut sauver si aisément.

Pensez-y bien, vous tous entre les mains de qui reposent les destinées de l'Europe; il vaut incomparablement mieux n'avoir point de succès, que de faire sans cesse des pas rétrogrades. Quelle confiance espérez-vous maintenant inspirer aux malheureux François, les plus ennemis même de la tyrannie actuelle ? les honnêtes gens de *Longwi*, de *Verdun*, & d'une partie de la *Champagne*, qui vous ont témoigné quelque intérêt, l'ont payé de leur tête, ou bien ils expient, dans la misère & dans l'exil, leurs efforts pour favoriser les progrès de vos armes ; vingt mille habitants de *Toulon*, de tout âge, de tout sexe, & de toute condition, errent sur une terre étrangère en proie aux horreurs de l'indigence & du désespoir ; & plusieurs centaines de ceux qui sont restés dans les murs de cette ville infortunée, condamnée à une destruction totale, ont maudit, au milieu des supplices, votre cruelle visite ; les dignes habitants d'*Haguenau* & de toute la partie de l'*Alsace* conquise, sont immolés ou fugitifs ; ceux du *Fort Louis*, ne sachant plus où reposer leurs têtes, regrettent de n'avoir pas, à l'exemple de *Landau*, cherché à vous opposer toute la résistance dont leur ville étoit susceptible ; les ravages partiels de vos bombes n'eussent fait qu'endommager plus ou moins leurs demeures, dont vos mines ont bouleversé le sol de fond en comble... Non, des batailles perdues ne

vous

vous auroient pas nui aussi essentiellement que vos succès éphémeres.

Mais jettons un voile lugubre sur des calamités malheureusement irréparables, & ne rappellons les fautes du passé que pour y puiser de salutaires leçons pour l'avenir. Ce qui fait aujourd'hui l'objet de nos regrets, doit être en même temps le motif de nos plus vives espérances; il est évident que les Gouvernements de l'Europe sont loin d'avoir déployé tous les moyens qui sont à leur disposition, & d'en avoir toujours fait un emploi convenable, tandis qu'on peut défier le Comité de salut public de montrer plus d'ensemble, d'activité, de vigueur, & d'énergie. Que les Rois déposent enfin (ou du moins qu'ils les ajournent à des momens plus calmes) ces vues d'intérêt, ces projets d'aggrandissement, ces haines personnelles, ces calculs funestes de l'égoïsme qui fournissent aux malveillants des armes si dangereuses, qui refroidissent & découragent les sujets fidèles; qu'ils soient toujours justes & grands, qu'ils se mon-

trent

trent dignes de leurs hautes destinées ; que la clémence & la bonté président à leur gouvernement, & leur gagnent tous les cœurs honnêtes ; mais en même temps, que la verge de fer soit prête à frapper le premier perturbateur du repos public, qui seroit tenté de prendre cette bonté pour de la foiblesse.

Que les Généraux sachent se mettre au dessus de ces calculs misérables & rétrécis de l'orgueuil, qui ont si souvent fait couler les larmes de l'humanité ; qu'ils se pénètrent bien de la sublimité de leurs fonctions augustes ; qu'ils ne perdent pas de vue qu'ils n'appartiennent plus à telle ou telle nation en particulier, mais que l'Europe entière les a chargés de défendre sa gloire, ses intérêts, son existence, contre des hordes Cannibales qui en ont juré la subversion & l'anéantissement ; que toutes les facultés de leur ame soient dirigées vers ce but unique ; qu'ils se rappellent que c'en étoit fait de *Rome*, si *Annibal* y eût conduit son armée victorieuse immédiatement après la bataille de *Cannes*,

*Cannes*, & que *Rome* ne tarda pas à détruire *Carthage*; enfin, que l'exemple du Maréchal de *Bouflers* allant se ranger, à *Malplaquet*, sous les ordres de *Villars*, qu'il avoit le droit de commander, & qui le pressoit d'accepter le commandement, leur apprenne que la vraie gloire & le comble de l'héroïsme consistent à faire le sacrifice des considérations personnelles, toutes les fois qu'il peut en résulter quelque avantage pour l'utilité publique.... Alors, succombant de toutes parts, le crime expiera ses trophées ensanglantés; la Religion éplorée pourra espérer de voir affermir & relever ses autels; tant de victimes, qui gémissent dans l'exil ou dans l'oppression, sentiront renaître un doux rayon d'espoir dans leurs ames, flétries par la réunion de tous les maux qui peuvent affliger l'humanité; les propriétaires alarmés seront surs de transmettre à leurs enfants, le patrimoine de leurs pères ou les fruits de leur industrie; le citoyen vertueux, dans quelque classe qu'il qu'il ait plu au ciel de le faire naître, verra luire encore quelques jours ſereins.

Maintenant que j'ai ſoulagé mon cœur oppreſſé, & rempli la tache, impoſée à tout homme, de contribuer au bien public par les moyens qui ſont en ſon pouvoir; maintenant que j'ai annoncé par mes cris la préſence du danger qui menace le Capitole, il ſeroit peut-être convenable de garder le ſilence; mais je crois cependant devoir faire connoître la grande opération, qui ſeroit la baſe du plan de Campagne que j'ai conçu, & que je ne haſarderai pas de mettre au jour, par reſpect pour les talents des habiles Généraux qui ſont à la tête des armées, & de crainte de me laiſſer égarer par mon zèle.

Pour débuter dignement dans la campagne de 1794, il me ſemble qu'il faudroit l'ouvrir par le ſiège de *Lille*. A l'inſtant où le drapeau *tricolor* ceſſera de flotter ſur ſes ramparts, on aura fait un grand pas vers la Contre-révolution, & l'on commencera à y croire ſérieuſement

en

en France ; les Régicides seront consternés, les autres villes ouvriront plus aisément leurs portes ; la *Westflandre* n'aura plus à redouter les incursions continuelles qui la dévastent ; les alliés pourront s'avancer avec confiance dans l'intérieur, laissant derrière eux une place aussi importante, & y porter plus de forces, puisqu'ils n'auront rien à craindre pour une grande étendue de leurs frontières. Cette mesure me paroît indispensable, mais je suis loin de m'en dissimuler les difficultés, & je commence par supposer une grande réunion de troupes, car avec des demi-moyens aucune espèce de plan ne sera couronné par le succès.

Quarante-cinq mille hommes au moins doivent être chargés des travaux & de la conduite du siège ; une armée de soixante-dix mille combattants, dont on sera toujours prêt à réparer les pertes, sera destinée à en couvrir les opérations ; un autre corps de neuf à dix mille hommes, presque entierement composé de troupes légeres, se portera successive-

 ment

ment en avant & ſur les ailes, pour harceler l'ennemi, l'inquiéter ſur différents points, diſſiper les raſſemblements dans leur origine, & éviter à la grande armée toutes les marches, tous les movemens qui la fatigueroient en pure perte. Qu'on ne ſe flatte pas de procéder ſans trouble au ſiège de *Lille* comme à celui de *Valenciennes*; il faut au contraire compter ſur les efforts les plus énergiques & les plus multipliés. Qu'on ſonge encore moins à en attendre paſſivement l'effet dans les poſitions redoutables, ou derrière des Abbatis, comme à *Maubeuge*; les Alliés doivent redouter les obſtacles qui pourroient les empêcher un inſtant de pourſuivre l'ennemi. Il faut que cette armée ſoit toujours agiſſante; il faut qu'elle marche en tout ou en partie, pour diſſoudre à temps les raſſemblements, de nature à réſiſter aux troupes légeres, qui pourroient ſe former dans ſon voiſinage. Si une multitude innombrable ſe réunit au loin pour venir fondre ſur elle en maſſe, qu'elle s'ébranle de bonne heure pour aller

ler lui présenter le combat, sur le terrein le plus découvert; c'est là le digne théatre de la valeur invincible des Autrichiens & de leurs alliés; c'est là que toutes les vertus militaires réunies seront sures de triompher de ces hordes pillardes, marchant sous les étendards du crime; c'est là qu'une victoire pourra être chèrement achetée; mais c'est là aussi que rien n'empêchera d'en recueillir les fruits, d'en poursuivre à outrance tous les avantages, & de mettre pour long-temps l'ennemi hors d'état de nuire; car, si l'on parvient à mettre de pareilles troupes en déroute dans la plaine, il leur sera impossible de se rallier.

La conduite de l'armée de siège doit répondre en tout à celle de l'armée d'observation, c'est-à-dire, que leurs moindres démarches auront pour but de concilier la plus grande activité possible, avec les règles indispensables de la prudence; &, en général, il faudra souvent se départir des anciens errements dans des circonstances si nouvelles. Que d'immenses munitions soient préparées d'avance pour être sûr de ne pas se voir obligé, je ne dis pas de suspendre, mais même de ralentir un instant ses efforts. Qu'on transporte sous les murs de *Lille* un grand nombre de bouches à feu ; qu'on ouvre la tranchée dès le jour même que les troupes se présenteront ; qu'on ne néglige rien pour faire naître l'étonnement & la terreur par des coups de force & d'activité extraordinaires, car c'est surtout d'une grande importance dans une ville, dont la population nombreuse doit avoir nécessairement plus ou moins d'influence sur la garnison. Que les travaux du siège soient suivis d'après ce plan & les circonstances éventuelles qui pourront le modifier ; mais que rien au monde ne puisse ralentir le feu des batteries ; elles tireront seulement de plus près ou de plus loin selon le plus ou moins de progrès des ouvrages. Que jamais un seul boulet froid ne soit dirigé sur la ville ; qu'on s'attache de préférence à l'usage des bombes, dont l'effet terrible est si propre à

atteindre

atteindre le but proposé; que le nombre de coups que doit tirer chaque pièce soit invariablement fixé d'avance, & qu'à la minute précise chacune d'elles lance l'effroi, la dévastation, & la mort..... le cœur me saigne en traçant ces lignes cruelles; est-ce bien moi qui puis former de pareils vœux? moi, sur qui les maux d'autrui font une impression si profonde, moi qui chéris si tendrement la France, & qui donnerois une partie de mon sang, pour mettre un terme aux calamités qui l'affligent? hélas oui, & c'est l'humanité qui me les suggère ces remèdes violents, car tout ce qu'il y a de sang pur en France s'écoule sans cesse par mille canaux; il faut se hâter, à quelque prix que ce soit, d'aller en arrêter le cours, & pour cela, il ne nous reste depuis longtemps à choisir qu'entre le mal & le pire. La pureté de mes intentions me rassure, l'importance du but que je me propose m'encourage. Dans une crise aussi affreuse, tout ménagement seroit un crime; cette pitié funeste seroit celle de l'homme cruellement

ellement ſenſible, qui, dans la vue d'épar- guer quelques inſtants de douleur à ſon malade, craindroit de tailler dans le vif pour arrêter les progrès de la cangrêne; toute conſidération timide auroit le même effet que le zèle peu éclairé de ceux qui, au lieu de détruire à temps la maiſon voiſine de l'incendie, ſe conſument en efforts pour diriger de maigres filets d'eau au milieu de l'embraſement, & donner par là une nouvelle activité aux flammes dévorantes......

Il ne me reſte plus, ainſi qu'aux ames honnêtes de tous les païs, qu'à tenir les mains élevées pendant le combat, à ſup- plier le Dieu des armées de bénir cette nouvelle croiſade, entrepriſe pour la plus ſainte des cauſes, & vraiment digne d'un ſiècle éclairé. Malheur aux inſenſés dont ces jours de tribulation n'ont pu deſſiller les yeux, & qui, dans cette éton- nante ſérie d'événemens tout ſurnaturels, n'ont pas reconnu & adoré la main qui nous frappe! mais, leur nombre diminue tous les jours, & la Religion voit avec atten-

attendrissement rentrer dans le bercail, une foule de brebis qui paroissoient égarées sans retour.

Daignez, Dieu puissant, achever votre ouvrage, désarmer votre juste colère, retirer votre bras vengeur, soulever le bandeau funeste qui dérobe la vérité à cette foule d'ames rachetées par votre sang précieux, & qui s'obstinent à courir à leur perte ! Daignez veiller sur les milliers de victimes au moment d'être immolées par le fer assassin ; sauver les restes infortunés de cette famille auguste qui nous offre un si terrible exemple du néant des grandeurs humaines, retenir tant de bras levés pour se frapper, arrêter tant de flots de sang prêts à se répandre. En employant, comme vous nous l'ordonnez, tous les moyens qui sont à notre disposition, c'est en vous seul que nous mettons toutes nos espérances. Ne permettez pas plus longtemps le triomphe du crime ; brisez les instrumens de vos vengeances ; & que les impies apprennent enfin à le connoître, ce Dieu qu'ils ont tant outragé.

Toutes ces épreuves passagères, quelque rigoureuses qu'elles nous paroissent, seront autant de faveurs signalées ; si, par l'effet de votre grace, elles peuvent apprendre aux Rois à se montrer vos dignes images sur la terre ; aux peuples, à ne jamais s'écarter des bornes d'une soumission que leur véritable intérêt leur commande plus impérieusement encore que leur devoir ; à nous tous, que ce monde n'est qu'un séjour de douleur & d'exil, & qu'il faut se hâter de mettre à profit les peines du temps, pour se rendre digne de goûter un jour des jouissances plus durables.

FIN.

Toutes ces épreuves passagères, quelque rigoureuses qu'elles nous paroissent, seront autant de faveurs signalées, si, par l'effet de votre grâce, elles [illegible] [illegible] à nous [illegible] à le montrer vos [illegible] [illegible] sur la terre, [illegible] [illegible] [illegible] [illegible] des [illegible] [illegible] [illegible] [illegible] [illegible] [illegible] [illegible] [illegible] [illegible] [illegible] [illegible] [illegible] [illegible] [illegible] [illegible] [illegible] [illegible] [illegible] séjour de douleur et [illegible], de quil [illegible] [illegible] [illegible] [illegible] les peines [illegible] [illegible] [illegible] de [illegible] [illegible] [illegible] plus durable.

FIN.

www.ingramcontent.com/pod-product-compliance
Lightning Source LLC
LaVergne TN
LVHW020434230826
846091LV00004B/1500

* 9 7 8 2 0 1 3 5 7 8 8 5 1 *